U0500044

政府采购行政裁决指导性案例解读汇编（二）

政府采购行政裁决指导性案例编写组　主编

中国财经出版传媒集团

经济科学出版社
Economic Science Press

·北 京·

图书在版编目（CIP）数据

政府采购行政裁决指导性案例解读汇编.二/政府采购行政裁决指导性案例编写组主编.--北京：经济科学出版社，2024.3

ISBN 978-7-5218-5631-6

Ⅰ.①政… Ⅱ.①政… Ⅲ.①政府采购制度-行政执法-案例-汇编-中国 Ⅳ.①D922.205

中国国家版本馆CIP数据核字（2024）第023113号

策划编辑：殷亚红
责任编辑：王　洁　赵婵婷
责任校对：郑淑艳
责任印制：邱　天

政府采购行政裁决指导性案例解读汇编（二）
政府采购行政裁决指导性案例编写组　主编
经济科学出版社出版、发行　新华书店经销
社址：北京市海淀区阜成路甲28号　邮编：100142
总编部电话：010-88191217　发行部电话：010-88191522
网址：www.esp.com.cn
电子邮箱：esp@esp.com.cn
天猫网店：经济科学出版社旗舰店
网址：http：//jjkxcbs.tmall.com
固安华明印业有限公司印装
880×1230　32开　3.625印张　56000字
2024年3月第1版　2024年3月第1次印刷
ISBN 978-7-5218-5631-6　定价：26.00元
（图书出现印装问题，本社负责调换。电话：010-88191545）
（版权所有　侵权必究　打击盗版　举报热线：010-88191661
QQ：2242791300　营销中心电话：010-88191537
电子邮箱：dbts@esp.com.cn）

编者序

　　《中华人民共和国政府采购法》自2003年1月1日实施以来，初步形成了以法和条例为统领、以部门规章为依托的政府采购法律体系，但相关法规制度仍存在一些不清晰、不明确之处。同时，政府采购行政裁决专业化机制建设相对滞后，各级财政部门、行政复议机关和人民法院对相关法律法规的认识和判断不一。为此，财政部从2017年开始，参照国际上"成文法国家搞判例、判例法国家搞成文"的监管趋势，在各部委中率先公开发布三批政府采购行政裁决指导性案例。通过以案释法，将违法违规行为进行类型化梳理，统一处理处罚标准，压缩自由裁量权，具有很强的引领性、示范性，取得了良好的社会效果。为了充分发挥行政裁决指导性案例的示范引领作用，我们于2020年出版了《政府采购行政裁决指导性案例解读汇编》，收录了 2017—2019 年共计 32 个政府采购行政裁决指导性案例及解读。

2024 年，财政部公布了政府采购行政裁决指导性案例 33—43 号及其解读。这些案例紧扣当前相关领域改革方向，能够反映政府采购支持中小企业发展、降低市场主体交易成本、优化营商环境等政策导向，对政府采购从业者有很强的借鉴和参考价值，故再次编录成书，书中案例编号接续上一批次案例编排。书中援引的法律法规和规范性文件均源自中华人民共和国中央人民政府官网、最高人民法院官网、财政部官网。

希望本书能够为政府采购从业者提供权威和系统的指导，从而纠正法律法规落实的执行偏差，为推进政府采购执法标准化建设以及切实维护政府采购市场秩序贡献力量。

编　者

2024 年 1 月

目　录

案例 33

S 单位实战指挥平台建设
项目投诉案

关键词

优化营商环境　格式文本　采购需求　报价

案例要点

政府采购应认真落实优化营商环境政策，不得增加企业负担，不得因非实质性的格式、形式问题限制和影响供应商响应。

招标文件应当完整、明确地列明采购需求，从而方便供应商有针对性地响应并进行报价。招标文件对采购需求描述不完整、分项报价要求不明确的，供应商根据一般理解进行报价即可，不应承担不利后果。

案例详情

基本案情

采购人 S 单位委托代理机构 Z 公司就"S 单位实战指挥平台建设项目"（以下简称本项目）进行公开招标。2019 年 11 月 28 日，代理机构 Z 公司发布招标公告；12 月 20 日，本项目开标、评标，代理机构 Z 公司发布中标公告；12 月 25 日，供应商 W 公司提出质疑；12 月 30 日，供应商 Y 公司提出质疑；2020 年 1 月 8 日，代理机构 Z 公司答复质疑。

2020 年 1 月 23 日、2 月 3 日，供应商 W 公司、Y 公司向财政部提起投诉。W 公司投诉事项为：其按照招标文件要求制作投标文件，已作出了实质性响应。评标委员会以其投标文件中的"正版软件承诺函"没有实质性响应为由，认定其未通过符合性审查，缺乏足够的理由和根据。Y 公司投诉事项为：招标文件中未明确"不可预见费"的具体内容、范围及填报要求，其根据技术需求书已对本项目建设内容进行逐项报价，且总报价包含本项目所需的所有费用，不存在不可预见的内容及费用。评标委员会以其"不可预见费"报价 0 元为由，认定其未通过符合性审查，缺乏足够的理由和根据。

财政部依法受理本案，并向相关当事人调取证据材料。

采购人 S 单位、代理机构 Z 公司称：（1）依据招标文件的实质性要求，W 公司应承诺"服务器"与"座席客户端"均预装正版软件，评标委员会认为 W 公司所作承诺仅复制了招标文件中提供的正版软件承诺格式，未作出完全的实质性响应，因此认定 W 公司未通过符合性审查。（2）依据《政府采购货物和服务招标投标管理办法》（财政部令第 87 号）第六条"采购人不得向供应商索要或者接受其给予的赠品、回扣或者与采购无关的其他商品、服务"的规定，评标委员会将Y公司对"不可预见费"的0元报价视为对采购人的赠与，因此认定Y公司未通过符合性审查。

（3）本项目尚未签订政府采购合同。

经查，招标文件"第四部分商务、技术要求"显示，"正版软件承诺"要求供应商"承诺所报的技术需求书中的'服务器'与'座席客户端'产品预装正版操作系统，硬件产品内的预装软件为正版软件"，该要求为实质性要求。"技术需求书"显示，不可预见费的需求或性能描述为"实战指挥建设项目暂估金"。"第八部分投标文件内容要求及格式"显示，正版软件承诺格式内容为"本投标人现参与____项目的采购活动，本公司承诺投报的计算机产品预装正版操作系统，投报的硬件产品内的预装软件为正版软件"。

W公司投标文件中的"正版软件承诺函"显示，"本投标人现参与S单位实战指挥平台建设项目的采购活动，本公司承诺投报的计算机产品预装正版操作系统，投报的硬件产品内的预装软件为正版软件。如上述声明不真实，愿意按照政府采购有关法律法规的规定接受处罚"，并加盖公司印章。

Y 公司投标文件中的"开标报价一览表"显示，其对本项目采购的"服务器""座席客户端"及各项功能软件等均进行了报价，其中"不可预见费"的报价为 0。

评标报告显示，W 公司未通过符合性审查的原因为"正版软件承诺不满足要求"，Y 公司未通过符合性审查的原因为"存在零报价"。

处理结果

根据《政府采购质疑和投诉办法》（财政部令第94 号）第三十二条第一款第（二）项的规定，W 公司投诉事项、Y 公司投诉事项成立，中标结果无效，责令采购人重新开展采购活动。

相关当事人在法定期限内未就处理决定申请行政复议、提起行政诉讼。

处理理由

关于 W 公司投诉事项，招标文件"第四部分商务、技术要求"以及"第八部分投标文件内容要求及格式"对正版软件承诺均作出了要求，两者不完全一致。W公司已按照招标文件提供的格式文本作出了承诺，意思表示真实、明确，且承诺内容不违背相关实质性要求。评标委员会不应以正版软件承诺不符合要求为由认定W公司未通过符合性审查。

关于Y公司投诉事项，招标文件应当完整、明确地列明采购需求，以便供应商据此进行报价。本项目招标文件中仅将不可预见费描述为"实战指挥建设项目暂估金"，Y公司根据自身理解报价0元并无不妥。评标委员会不应以该项0元报价为由认定Y公司未通过符合性审查。

相关依据

《中华人民共和国政府采购法实施条例》第十五条

第十五条　采购人、采购代理机构应当根据政府采购政策、采购预算、采购需求编制采购文件。采购需求应当符合法律法规以及政府采购政策规定的技术、服务、安全等要求。政府向社会公众提供的公共服务项目，应当就确定采购需求征求社会公众的意见。除因技术复杂或者性质特殊，不能确定详细规格或者具体要求外，采购需求应当完整、明确。必要时，应当就确定采购需求征求相关供应商、专家的意见。

《政府采购货物和服务招标投标管理办法》（财政部令第 87 号）第十一条、第二十条

第十一条　采购需求应当完整、明确，包括以下内容：

（一）采购标的需实现的功能或者目标，以及为落实政府采购政策需满足的要求；

（二）采购标的需执行的国家相关标准、行业标准、地方标准或者其他标准、规范；

（三）采购标的需满足的质量、安全、技术规格、物理特性等要求；

（四）采购标的的数量、采购项目交付或者实施的时间和地点；

（五）采购标的需满足的服务标准、期限、效率等要求；

（六）采购标的的验收标准；

（七）采购标的的其他技术、服务等要求。

第二十条　采购人或者采购代理机构应当根据采购项目的特点和采购需求编制招标文件。招标文件应当包括以下主要内容：

（一）投标邀请；

（二）投标人须知（包括投标文件的密封、签署、盖章要求等）；

（三）投标人应当提交的资格、资信证明文件；

（四）为落实政府采购政策，采购标的需满足的要求，以及投标人须提供的证明材料；

（五）投标文件编制要求、投标报价要求和投标保证金交纳、退还方式以及不予退还投标保证金的情形；

（六）采购项目预算金额，设定最高限价的，还应当公开最高限价；

（七）采购项目的技术规格、数量、服务标准、验收等要求，包括附件、图纸等；

（八）拟签订的合同文本；

（九）货物、服务提供的时间、地点、方式；

（十）采购资金的支付方式、时间、条件；

（十一）评标方法、评标标准和投标无效情形；

（十二）投标有效期；

（十三）投标截止时间、开标时间及地点；

（十四）采购代理机构代理费用的收取标准和方式；

（十五）投标人信用信息查询渠道及截止时点、信用信息查询记录和证据留存的具体方式、信用信息的使用规则等；

（十六）省级以上财政部门规定的其他事项。

对于不允许偏离的实质性要求和条件，采购人或者采购代理机构应当在招标文件中规定，并以醒目的方式标明。

《政府采购质疑和投诉办法》（财政部令第94号）第三十二条

第三十二条　投诉人对采购过程或者采购结果提起的投诉事项，财政部门经查证属实的，应当认定投诉事项成立。经认定成立的投诉事项不影响采购结果的，继续开展采购活动；影响或者可能影响采购结果的，财政部门按照下列情况处理：

（一）未确定中标或者成交供应商的，责令重新开展采购活动。

（二）已确定中标或者成交供应商但尚未签订政府采购合同的，认定中标或者成交结果无效。合格供应商符合法定数量时，可以从合格的中标或者成交候选人中另行确定中标或者成交供应商的，应当要求采购人依法另行确定中标、成交供应商；否则责令重新开展采购活动。

（三）政府采购合同已经签订但尚未履行的，撤销合同。合格供应商符合法定数量时，可以从合格的中标或者成交候选人中另行确定中标或者成交供应商的，应当要求采购人依法另行确定中标、成交供应商；否则责令重新开展采购活动。

（四）政府采购合同已经履行，给他人造成损失的，相关当事人可依法提起诉讼，由责任人承担赔偿责任。

投诉人对废标行为提起的投诉事项成立的，财政部门应当认定废标行为无效。

《财政部关于促进政府采购公平竞争优化营商环境的通知》（财库〔2019〕38 号）

（略）

C 大学活动中心多媒体教室
建设采购项目投诉案

关键词

国际化营商环境　外资企业　进口产品　差别歧视待遇

案例要点

政府采购对不同所有制企业在中国境内生产的产品和提供的服务一视同仁、平等对待，不得实行差别歧视待遇。采购文件不得以所有制形式、组织形式、股权结构、投资者国别、产品品牌等限制供应商参加政府采购活动。

投标产品组成部件为进口，但供应商能够证明产品在中国境内生产制造、加工及组装的，不应认定为《政府采购进口产品管理办法》中规定的进口产品。

案例详情

基本案情

采购人C大学委托代理机构D公司就"C大学学生活动中心多媒体教室建设采购项目"（以下简称本项目）进行公开招标。2022年1月18日，代理机构D公司发布招标公告；2月14日，代理机构D公司发布中标公告，S公司为中标供应商；2月15日，供应商N公司提出质疑；2月22日，代理机构D公司答复质疑。

2022年2月28日，供应商N公司向财政部提起投诉，投诉事项为：根据中标公告公示的产品品牌，S

公司投标的多媒体设备、音箱等产品均为进口产品，违反招标文件关于禁止进口产品投标的规定。

财政部依法受理本案，并向相关当事人调取证据材料。

采购人C大学、代理机构D公司称：本项目经评标委员会依法依规评审，S公司综合得分排名第一。经组织原评标委员会复核，认定事项不成立。

S公司称：相关产品生产厂商提供的产品零部件进口报关单、产地证明等证据足以证明其投标产品在国内组装生产，不属于《政府采购进口产品管理办法》（财库〔2007〕119号）中规定的进口产品。

经查，招标文件"第二部分投标人须知前附表""第五部分采购需求"显示，本项目不接受进口产品。

S公司投标文件中的"进口产品生产厂家授权书"显示，"我单位投标的产品没有进口产品，也没有进口产品生产厂家授权书"。

海关总署的复函显示，S 公司提交的多媒体设备和音箱的产品零部件进口报关单与海关信息系统中的报关单信息一致。

处理结果

根据《政府采购质疑和投诉办法》（财政部令第94号）第二十九条第（二）项的规定，投诉事项缺乏事实依据，驳回投诉。

相关当事人在法定期限内未就处理决定申请行政复议、提起行政诉讼。

处理理由

S 公司在投标文件中响应本次投标产品没有进口产品，并在投诉处理过程中提交了相关产品零部件进口报关单、产地证明等在国内组装制造的证明材料。经向海关总署调查核实，上述零部件进口报关单与海关信息系统中的报关单信息一致。现有证据不足以证明 S 公司投标产品属于进口产品。

相关依据

《中华人民共和国政府采购法》第三条、第十条、第二十二条、第七十一条

第三条　政府采购应当遵循公开透明原则、公平竞争原则、公正原则和诚实信用原则。

第十条　政府采购应当采购本国货物、工程和服务。但有下列情形之一的除外：

（一）需要采购的货物、工程或者服务在中国境内无法获取或者无法以合理的商业条件获取的；

（二）为在中国境外使用而进行采购的；

（三）其他法律、行政法规另有规定的。

前款所称本国货物、工程和服务的界定，依照国务院有关规定执行。

第二十二条　供应商参加政府采购活动应当具备下列条件：

（一）具有独立承担民事责任的能力；

（二）具有良好的商业信誉和健全的财务会计制度；

（三）具有履行合同所必需的设备和专业技术能力；

（四）有依法缴纳税收和社会保障资金的良好记录；

（五）参加政府采购活动前三年内，在经营活动中没有重大违法记录；

（六）法律、行政法规规定的其他条件。

采购人可以根据采购项目的特殊要求，规定供应商的特定条件，但不得以不合理的条件对供应商实行差别待遇或者歧视待遇。

第七十一条　采购人、采购代理机构有下列情形之一的，责令限期改正，给予警告，可以并处罚款，对直接负责的主管人员和其他直接责任人员，由其行政主管部门或者有关机关给予处分，并予通报：

（一）应当采用公开招标方式而擅自采用其他方式采购的；

（二）擅自提高采购标准的；

（三）以不合理的条件对供应商实行差别待遇或者歧视待遇的；

（四）在招标采购过程中与投标人进行协商谈判的；

（五）中标、成交通知书发出后不与中标、成交供应商签订采购合同的；

（六）拒绝有关部门依法实施监督检查的。

《中华人民共和国外商投资法》第十六条

第十六条　国家保障外商投资企业依法通过公平竞争参与政府采购活动。政府采购依法对外商投资企业在中国境内生产的产品、提供的服务平等对待。

《中华人民共和国政府采购法实施条例》第二十条

第二十条　采购人或者采购代理机构有下列情形之一的，属于以不合理的条件对供应商实行差别待遇或者歧视待遇：

（一）就同一采购项目向供应商提供有差别的项目信息；

（二）设定的资格、技术、商务条件与采购项目的具体特点和实际需要不相适应或者与合同履行无关；

（三）采购需求中的技术、服务等要求指向特定供应商、特定产品；

（四）以特定行政区域或者特定行业的业绩、奖项作为加分条件或者中标、成交条件；

（五）对供应商采取不同的资格审查或者评审标准；

（六）限定或者指定特定的专利、商标、品牌或者供应商；

（七）非法限定供应商的所有制形式、组织形式或者所在地；

（八）以其他不合理条件限制或者排斥潜在供应商。

《中华人民共和国外商投资法实施条例》第十五条

第十五条　政府及其有关部门不得阻挠和限制外商投资企业自由进入本地区和本行业的政府采购市场。

政府采购的采购人、采购代理机构不得在政府采购信息发布、供应商条件确定和资格审查、评标标准等方面，对外商投资企业实行差别待遇或者歧视待遇，不得以所有制形式、组织形式、股权结构、投资者国别、产品或者服务品牌以及其他不合理的条件对供应商予以限定，不得对外商投资企业在中国境内生产的产品、提供的服务和内资企业区别对待。

《政府采购质疑和投诉办法》（财政部令第94号）第二十九条

第二十九条　投诉处理过程中，有下列情形之一的，财政部门应当驳回投诉：

（一）受理后发现投诉不符合法定受理条件；

（二）投诉事项缺乏事实依据，投诉事项不成立；

（三）投诉人捏造事实或者提供虚假材料；

（四）投诉人以非法手段取得证明材料。证据来源的合法性存在明显疑问，投诉人无法证明其取得方式合法的，视为以非法手段取得证明材料。

《财政部关于在政府采购活动中落实平等对待内外资企业有关政策的通知》（财库〔2021〕35号）

（略）

《政府采购进口产品管理办法》（财库〔2007〕119号）

（略）

Y 单位主副食品采购项目投诉案

关键词

促进中小企业发展　中小企业声明函　虚假材料

案例要点

政府采购应严格落实中小企业扶持政策，只要所投产品制造商或者承接服务的供应商为中小企业，供应商如实填写《中小企业声明函》，即可享受预留份额、价格扣除等优惠政策，无须提供审计报告、中小企业库截图等其他证明材料。

供应商有如实响应采购文件要求的义务，如果在

《中小企业声明函》中填写与实际情况不符的内容，属于提供虚假材料谋取中标的情形，应承担相应法律后果。

案例详情

基本案情

采购人Y单位委托代理机构Z公司就"Y单位主副食品采购项目"（以下简称本项目）进行公开招标。2022年6月22日，代理机构Z公司发布招标公告；7月13日，本项目开标、评标；7月26日，代理机构Z公司发布中标公告，C公司为中标供应商；7月27日，供应商D公司提出质疑；8月10日，代理机构Z公司答复质疑。

2022年8月26日，D公司向财政部提起投诉。投诉事项为：中标供应商C公司不能被认定为小型企业，不能享受优惠政策。

财政部依法受理本案，并向相关当事人调取证据材料。

采购人Y单位、代理机构Z公司称：（1）收到D公司的质疑函后，Z公司向G工业和信息化委员会咨询，其回复需由财政部门或有关招标投标行政监督部门发函才给予认定。（2）C公司在投标文件中提供了《中小企业声明函》，声明其为小型企业。（3）本项目尚未签订采购合同。

C公司称：其确为中型企业，符合享受优惠政策的条件。

经查，招标文件投标人须知和评审标准部分显示，针对小微企业报价给予6%的扣除，用扣除后的价格参与评审。C公司投标文件的《中小企业声明函》显示，其属于"小型企业"。

财政部向C公司注册地中小企业主管部门G工业和信息化委员会进一步调查取证，其回函显示，C公司属于中型企业。

处理结果

根据《政府采购质疑和投诉办法》（财政部令第94号）第三十二条第一款第（二）项的规定，投诉事项成立，C 公司中标结果无效。合格供应商符合法定数量时，可以从合格的中标候选人中另行确定中标供应商的，应当依法另行确定中标供应商；否则重新开展采购活动。

对于 C 公司"提供虚假材料谋取中标"的行为，根据《中华人民共和国政府采购法》第七十七条第一款第（一）项的规定，财政部另行作出行政处罚。

相关当事人在法定期限内未就处理处罚决定申请行政复议、提起行政诉讼。

处理理由

根据招标文件规定，供应商为小型企业或者微型企业的，可以享受价格优惠政策。C 公司在投标文件的《中小企业声明函》中声明，其属于小型企业。经进一步调证，根据 G 工业和信息化委员会的复函，C 公司属于中型企业，且 C 公司对该事实也予以认可。

C公司作为参与政府采购活动的供应商，应当对本公司的实际情况、招标文件要求及政府采购相关政策法规有充分了解，并据实作出响应。C公司上述行为构成《中华人民共和国政府采购法》第七十七条第一款第（一）项规定的"提供虚假材料谋取中标"的情形。

相关依据

《中华人民共和国政府采购法》第七十七条

第七十七条 供应商有下列情形之一的，处以采购金额千分之五以上千分之十以下的罚款，列入不良行为记录名单，在一至三年内禁止参加政府采购活动，有违法所得的，并处没收违法所得，情节严重的，由工商行政管理机关吊销营业执照；构成犯罪的，依法追究刑事责任：

（一）提供虚假材料谋取中标、成交的；

（二）采取不正当手段诋毁、排挤其他供应商的；

（三）与采购人、其他供应商或者采购代理机构恶意串通的；

（四）向采购人、采购代理机构行贿或者提供其他不正当利益的；

（五）在招标采购过程中与采购人进行协商谈判的；

（六）拒绝有关部门监督检查或者提供虚假情况的。

供应商有前款第（一）至（五）项情形之一的，中标、成交无效。

《政府采购质疑和投诉办法》（财政部令第94号）第三十二条

第三十二条　投诉人对采购过程或者采购结果提起的投诉事项，财政部门经查证属实的，应当认定投诉事项成立。经认定成立的投诉事项不影响采购结果的，继续开展采购活动；影响或者可能影响采购结果的，财政部门按照下列情况处理：

（一）未确定中标或者成交供应商的，责令重新开展采购活动。

（二）已确定中标或者成交供应商但尚未签订政府采购合同的，认定中标或者成交结果无效。合格供应商符合法定数量时，可以从合格的中标或者成交候选人中另行确定中标或者成交供应商的，应当要求采购人依法另行确定中标、成交供应商；否则责令重新开展采购活动。

（三）政府采购合同已经签订但尚未履行的，撤销合同。合格供应商符合法定数量时，可以从合格的中标或者成交候选人中另行确定中标或者成交供应商的，应当要求采购人依法另行确定中标、成交供应商；否则责令重新开展采购活动。

（四）政府采购合同已经履行，给他人造成损失的，相关当事人可依法提起诉讼，由责任人承担赔偿责任。

投诉人对废标行为提起的投诉事项成立的，财政部门应当认定废标行为无效。

《政府采购促进中小企业发展管理办法》(财库〔2020〕46号）第二条、第十六条、第二十条

第二条　本办法所称中小企业，是指在中华人民共和国境内依法设立，依据国务院批准的中小企业划分标准确定的中型企业、小型企业和微型企业，但与大企业的负责人为同一人，或者与大企业存在直接控股、管理关系的除外。

符合中小企业划分标准的个体工商户，在政府采购活动中视同中小企业。

第十六条　政府采购监督检查、投诉处理及政府采购行政处罚中对中小企业的认定，由货物制造商或者工程、服务供应商注册登记所在地的县级以上人民政府中小企业主管部门负责。

中小企业主管部门应当在收到财政部门或者有关招标投标行政监督部门关于协助开展中小企业认定函后 10 个工作日内做出书面答复。

第二十条　供应商按照本办法规定提供声明函内

容不实的，属于提供虚假材料谋取中标、成交，依照《中华人民共和国政府采购法》等国家有关规定追究相应责任。

　　适用招标投标法的政府采购工程建设项目，投标人按照本办法规定提供声明函内容不实的，属于弄虚作假骗取中标，依照《中华人民共和国招标投标法》等国家有关规定追究相应责任。

案例 36

T 中心医疗康复设备和科研器材采购项目投诉案

关键词

分值设置　量化指标　生产厂家授权

案例要点

采购人应根据采购需求设置评审分值，评审分值设置应当与评审因素的量化指标相对应，主要考察供应商是否满足采购需求，不得设置正偏离加分的评分模式。

案例详情　　　　　　　　　　　　　閲

基本案情

采购人T中心委托代理机构D公司就"T中心医疗康复设备和科研器材采购项目"（以下简称本项目）进行公开招标。2019年10月9日，代理机构D公司发布招标公告；11月1日，代理机构D公司发布中标公告，C公司为中标供应商；11月6日，供应商X公司提出质疑；11月12日，代理机构D公司答复质疑。

2019年11月22日，X公司向财政部提起投诉。投诉事项为：中标供应商C公司所投进口产品便携式负压按摩震动康复理疗仪没有获得授权，属于非正规渠道产品，应取消其中标资格。

财政部依法受理本案，并向相关当事人调取证据材料。

采购人T中心、代理机构D公司称：便携式负压按摩震动康复理疗仪是一种通用性较强的康复理疗设备，招标文件未要求必须提供该产品的厂家授权。评标委员会认为，C 公司已在投标文件中提供了其余 6 项产品的授权书，未提供便携式负压按摩震动康复理疗仪产品授权书不影响得分。

C 公司称：招标文件未强制要求每个投标产品都要提供厂家授权。收到中标通知书后，制造商为其出具了《供货及售后服务承诺书》。

经查，招标文件共设置 40 项技术指标。"评标标准和评标方法部分"显示，"产品的技术指标与招标文件要求的响应程度（45 分）"的评审细则为"正偏离 5 分；一个正偏离加 1 分，最高得 5 分。完全响应无偏离 40 分；有一项负偏离扣 1 分，40 个及以上负偏离得 0 分"。"投标产品授权情况（5 分）"的评审细则为"供应商每提供 1 项产品授权得 1 分，提供 5 项及以上产品授权得 5 分"。"招标产品清单和技术要求部分"显示，本项目采购的便携式负压按摩震动康复理疗仪、脉冲按摩深层能量系统等 5 项产品允许进口。

C 公司投标文件显示，其提供了脉冲按摩深层能量系统等6项产品的制造商授权书。

处理结果

根据《政府采购质疑和投诉办法》（财政部令第94号）第二十九条第（二）项的规定，投诉事项缺乏事实依据，驳回投诉。

根据《中华人民共和国政府采购法》第三十六条第一款第（二）项的规定，责令采购人T中心废标。

根据《中华人民共和国政府采购法》第七十一条、《中华人民共和国政府采购法实施条例》第六十八条第（七）项的规定，责令采购人T中心、代理机构D公司就评审标准中的分值设置未与评审因素的量化指标相对应的问题限期改正，并分别给予警告的行政处罚。

相关当事人在法定期限内未就处理处罚决定申请行政复议、提起行政诉讼。

处理理由

本项目招标文件规定，供应商提供相关产品授权即可得分，未限制必须提供便携式负压按摩震动康复理疗仪的产品授权。C公司在投标文件中提供了6项产品的授权，评标委员会已按照招标文件要求以及C公司的投标文件予以评分。同时，C公司在中标后获得了产品制造商出具的《供货及售后服务承诺书》。投诉人X公司的主张缺乏依据。

财政部在审查过程中发现，招标文件采用正偏离加分、负偏离扣分的评分模式，容易产生指标之间代偿的效果，不能客观反映产品本身是否实际符合采购需求。上述评分模式与政府采购分值设置及评价原理不符，属于"评审标准中的分值设置未与评审因素的量化指标相对应"的情形，违反了《中华人民共和国政府采购法实施条例》第三十四条第四款、《政府采购货物和服务招标投标管理办法》（财政部令第87号）第五十五条第三款的规定。

其他应注意事项

在进一步优化政府采购营商环境，促进全国统一大市场建设的背景下，对于市场上供货充足的通用型非进口产品，不得要求供应商出具生产厂商授权书，防止生产厂商通过控制产品的货源和价格垄断政府采购市场，妨碍市场公平竞争。

相关依据 🖾

《中华人民共和国政府采购法》第三十六条、第七十一条

第三十六条 在招标采购中，出现下列情形之一的，应予废标：

（一）符合专业条件的供应商或者对招标文件作实质响应的供应商不足三家的；

（二）出现影响采购公正的违法、违规行为的；

（三）投标人的报价均超过了采购预算，采购人不能支付的；

（四）因重大变故，采购任务取消的。

废标后，采购人应当将废标理由通知所有投标人。

第七十一条 采购人、采购代理机构有下列情形之一的，责令限期改正，给予警告，可以并处罚款，对直接负责的主管人员和其他直接责任人员，由其行政主管部门或者有关机关给予处分，并予通报：

（一）应当采用公开招标方式而擅自采用其他方式采购的；

（二）擅自提高采购标准的；

（三）以不合理的条件对供应商实行差别待遇或者歧视待遇的；

（四）在招标采购过程中与投标人进行协商谈判的；

（五）中标、成交通知书发出后不与中标、成交供应商签订采购合同的；

（六）拒绝有关部门依法实施监督检查的。

《中华人民共和国政府采购法实施条例》第三十四条、第六十八条

第三十四条　政府采购招标评标方法分为最低评标价法和综合评分法。

最低评标价法，是指投标文件满足招标文件全部实质性要求且投标报价最低的供应商为中标候选人的评标方法。综合评分法，是指投标文件满足招标文件全部实质性要求且按照评审因素的量化指标评审得分最高的供应商为中标候选人的评标方法。

技术、服务等标准统一的货物和服务项目，应当采用最低评标价法。

采用综合评分法的，评审标准中的分值设置应当与评审因素的量化指标相对应。

招标文件中没有规定的评标标准不得作为评审的依据。

第六十八条　采购人、采购代理机构有下列情形之一的，依照政府采购法第七十一条、第七十八条的规定追究法律责任：

（一）未依照政府采购法和本条例规定的方式实施采购；

（二）未依法在指定的媒体上发布政府采购项目信息；

（三）未按照规定执行政府采购政策；

（四）违反本条例第十五条的规定导致无法组织对供应商履约情况进行验收或者国家财产遭受损失；

（五）未依法从政府采购评审专家库中抽取评审专家；

（六）非法干预采购评审活动；

（七）采用综合评分法时评审标准中的分值设置未与评审因素的量化指标相对应；

（八）对供应商的询问、质疑逾期未作处理；

（九）通过对样品进行检测、对供应商进行考察等方式改变评审结果；

（十）未按照规定组织对供应商履约情况进行验收。

《政府采购货物和服务招标投标管理办法》（财政部令第87号）第五十五条

第五十五条 综合评分法，是指投标文件满足招标文件全部实质性要求，且按照评审因素的量化指标评审得分最高的投标人为中标候选人的评标方法。

评审因素的设定应当与投标人所提供货物服务的质量相关，包括投标报价、技术或者服务水平、履约能力、售后服务等。资格条件不得作为评审因素。评审因素应当在招标文件中规定。

评审因素应当细化和量化，且与相应的商务条件和采购需求对应。商务条件和采购需求指标有区间规定的，评审因素应当量化到相应区间，并设置各区间对应的不同分值。

评标时，评标委员会各成员应当独立对每个投标人的投标文件进行评价，并汇总每个投标人的得分。

货物项目的价格分值占总分值的比重不得低于30%；服务项目的价格分值占总分值的比重不得低于10%。执行国家统一定价标准和采用固定价格采购的项目，其价格不列为评审因素。

价格分应当采用低价优先法计算，即满足招标文件要求且投标价格最低的投标报价为评标基准价，其价格分为满分。其他投标人的价格分统一按照下列公式计算：

投标报价得分＝（评标基准价／投标报价）×100

评标总得分＝F1×A1＋F2×A2＋……＋Fn×An

F1、F2……Fn 分别为各项评审因素的得分；

A1、A2、……An 分别为各项评审因素所占的权重（A1＋A2＋……＋An＝1）。

评标过程中，不得去掉报价中的最高报价和最低报价。

因落实政府采购政策进行价格调整的，以调整后的价格计算评标基准价和投标报价。

《政府采购质疑和投诉办法》（财政部令第94号）第二十九条

第二十九条　投诉处理过程中，有下列情形之一的，财政部门应当驳回投诉：

（一）受理后发现投诉不符合法定受理条件；

（二）投诉事项缺乏事实依据，投诉事项不成立；

（三）投诉人捏造事实或者提供虚假材料；

（四）投诉人以非法手段取得证明材料。证据来源的合法性存在明显疑问，投诉人无法证明其取得方式合法的，视为以非法手段取得证明材料。

案例 37

W 单位大数据平台采购
项目投诉案 *

关键词

优化营商环境　采购文件解释　评审职责

<hr>

案例要点

　　对采购文件的理解存在分歧的，在满足采购需求的前提下，应当结合法律规定、设定目的、一般常识等，原则上作出有利于供应商的解释，保障供应商的合理预期，持续优化营商环境。

<hr>

*　本案例由湖南省财政厅选送。

在评审过程中，评标委员会不得修改招标文件评审标准。

案例详情

基本案情

采购人W单位委托代理机构Q公司就"W单位大数据平台采购项目"（以下简称本项目）进行公开招标。2019年10月30日，代理机构Q公司发布招标公告；11月21日，代理机构Q公司发布中标公告；11月22日，供应商F公司提出质疑；11月29日，代理机构Q公司答复质疑。

2019年12月4日，供应商F公司向财政部门提起投诉。投诉事项为：招标文件规定"投标人结合项目建设方案方面进行现场阐述"，其根据招标文件要求制作了PPT，自带投影仪，准备现场讲解方案及案例，但评审现场专家临时变更了评审标准，要求其在"25

分钟内书面阐述"，影响评标结果的公正性。现场阐述的目的应是考察投标人提供服务的质量，而非供应商授权代表的书面表达能力、书写速度。

财政部门依法受理本案，并向相关当事人调取证据材料。

采购人W单位称：（1）书面阐述和口头阐述均是阐述的方式，都能体现投标供应商对本项目的理解和认识。评审小组成员一致同意所有投标单位在25分钟内书面阐述，符合其设定该评审标准的初衷。F公司对本项目了解不够，现场阐述思路不清才未能获得高分。（2）本项目尚未签订政府采购合同。

代理机构Q公司称：（1）本项目采用综合评分法，从商务评价、技术评价、报价三大方面综合考察投标供应商实力，并非只有现场阐述一项。F公司对本项目了解不够，写字慢，书面表达能力欠缺，加上高度紧张，导致其本是优势的得分项变成失分项。（2）现场阐述不同于投标文件制作，且只占5分。招标文件并未限定时间，评标委员会集体决定给予所有投标供应商同样的阐述时间，不存在排他性和歧视性。

经查，本项目招标文件"评标方法及标准表"显示，"投标人现场阐述5分，投标人结合项目建设方案方面进行现场阐述：阐述全面、合理，得5分；阐述内容相对全面、合理，得3分；无阐述或不合理，得0分"。招标文件未规定现场阐述的具体形式。

评标现场录音录像显示，评标过程中，就"如何进行现场阐述"的问题，评审专家最初提出"给每个投标人8分钟"，经讨论后，评标委员会决定，要求"所有投标人现场书写，限定在25分钟内"。

处理结果

根据《政府采购质疑和投诉办法》（财政部令第94号）第三十二条第一款第（二）项的规定，投诉事项成立，中标结果无效，责令采购人重新开展采购活动。

相关当事人在法定期限内未就处理决定申请行政复议、提起行政诉讼。

处理理由

本项目采用公开招标方式采购，招标文件将"投标人现场阐述"设置为评分项，分值为5分。一般情况下，能够通过书面方式响应的，招标文件应当要求供应商在投标文件中提交，以便于作为合同签订及履行的依据，而"现场阐述"显然区别于书面响应。投诉人将招标文件要求理解为现场口头阐述投标方案及案例，并准备了PPT等演示材料及工具，符合对"现场阐述"的通常理解。在评审过程中，评标委员会要求供应商在25分钟内现场书写，限定了"现场阐述"的时间、形式，实质上属于对招标文件的修改，超出评审职责，缺乏法律依据。上述情形违反了《政府采购货物和服务招标投标管理办法》（财政部令第87号）第五十二条、第六十五条的规定，且导致投诉人准备不足，影响了采购公平公正。

相关依据 🔲

《政府采购货物和服务招标投标管理办法》（财政部令第87号）第五十二条、第六十五条

第五十二条　评标委员会应当按照招标文件中规定的评标方法和标准，对符合性审查合格的投标文件进行商务和技术评估，综合比较与评价。

第六十五条　评标委员会发现招标文件存在歧义、重大缺陷导致评标工作无法进行，或者招标文件内容违反国家有关强制性规定的，应当停止评标工作，与采购人或者采购代理机构沟通并作书面记录。采购人或者采购代理机构确认后，应当修改招标文件，重新组织采购活动。

《政府采购质疑和投诉办法》（财政部令第94号）第三十二条

第三十二条　投诉人对采购过程或者采购结果提

起的投诉事项，财政部门经查证属实的，应当认定投诉事项成立。经认定成立的投诉事项不影响采购结果的，继续开展采购活动；影响或者可能影响采购结果的，财政部门按照下列情况处理：

（一）未确定中标或者成交供应商的，责令重新开展采购活动。

（二）已确定中标或者成交供应商但尚未签订政府采购合同的，认定中标或者成交结果无效。合格供应商符合法定数量时，可以从合格的中标或者成交候选人中另行确定中标或者成交供应商的，应当要求采购人依法另行确定中标、成交供应商；否则责令重新开展采购活动。

（三）政府采购合同已经签订但尚未履行的，撤销合同。合格供应商符合法定数量时，可以从合格的中标或者成交候选人中另行确定中标或者成交供应商的，应当要求采购人依法另行确定中标、成交供应商；否则责令重新开展采购活动。

（四）政府采购合同已经履行，给他人造成损失的，相关当事人可依法提起诉讼，由责任人承担赔偿责任。

投诉人对废标行为提起的投诉事项成立的，财政部门应当认定废标行为无效。

案例 38

H 总站私有云平台建设
采购项目投诉案

关键词

虚假材料 出借 投标凭证

案例要点

在政府采购活动中,印章、UKey等是供应商的重要身份凭证,应当严格管理,不得出借。因出借投标身份凭证产生的责任由供应商自行承担。

案例详情

基本案情

采购人H总站委托代理机构G采购中心就"H总站私有云平台建设采购项目"（以下简称本项目）进行公开招标。2021年12月31日，G采购中心发布公开招标公告；2022年1月28日，G采购中心发布中标公告；2月8日，供应商L公司提出质疑；2月16日，G采购中心答复质疑。

2022年3月7日，L公司向财政部提起投诉。投诉事项为：（1）D公司所投核心产品超融合节点不符合招标文件的参数要求，涉嫌虚假应标。经查中标产品制造商官方网站，其产品均不能满足招标文件参数要求。（2）经查中国网络安全审查技术与认证中心官网、全国认证认可信息公共服务平台，D公司不具备信息安全风险评估服务、信息安全应急处理服务、信息系统灾难备份与恢复服务资质，根据招标文件评分标准应扣2.4分，但其总分却为98.2分，D公司涉嫌提供虚假的资质证书。

财政部依法受理本案，并向相关当事人调取证据材料。

H总站、G采购中心称：其依法开展本项目采购活动，目前尚未签订政府采购合同。

D公司称：本项目的投标行为未经授权，其对投标行为完全不知情，武某非法获取了其名下的G采购中心投标系统UKey后参与投标。因以往存在业务合作，其工作人员误以为史某是公司员工，于是将UKey给了史某。随后，史某将UKey私自给了武某，武某在其完全不知情的情况下，伪造了相关资质文件参与了本项目的投标。直到2022年3月，史某才向其归还UKey。

经查，本项目招标文件"投标邀请"显示，"本项目采用电子采购系统进行网上投标，请符合投标条件的投标人安装投标工具，编制完成后加密上传投标文件。除上述方式之外，不接受投标人以纸质文件或其他任何方式提交的投标文件"；"供应商进行投标须提前办理数字证书和电子签章，……已办理数字证书请确保证书还在有效期内，如已过期或即将过期，须联系CA服务机构进行证书更新"。

招标文件"评分标准说明"显示，"投标人具有由中国网络安全审查技术与认证中心颁发的信息系统安全集成服务资质、安全运维服务资质、信息安全风险评估服务、信息安全应急处理服务、信息系统灾难备份与恢复服务资质，提供一个计0.8分，最多为4分"。"产品清单及指标要求"显示，"超融合节点"共5项技术要求，不要求提供证明材料。

D公司投标文件显示，其对"超融合节点"的技术参数均应答"无偏离"；其在投标文件中提交了信息系统安全集成服务资质认证证书、安全运维服务资质认证证书、信息安全风险评估服务认证证书、信息安全应急处理服务认证证书、信息系统灾难备份与恢复服务资质认证证书，前述证书获证组织均为D公司。

G采购中心提交了电子采购系统后台截图，显示D公司印章来源为"智能卡（UKey）"。

L公司针对投诉事项（1）提交了中标产品制造商官网截图作为证明材料，截图所载产品型号与中标产品型号不一致。

经在全国认证认可信息公共服务平台核查，D公司投标文件中的2份信息安全服务资质认证证书编号与查询结果不一致，未查询到其他3份证书的信息。

中国网络安全审查技术与认证中心的回函显示，"来函所附5份信息安全服务资质认证证书均不是我中心出具的认证证书"。

处理结果

根据《政府采购质疑和投诉办法》（财政部令第94号）第二十九条第（二）项的规定，投诉事项（1）缺乏事实依据。根据《政府采购质疑和投诉办法》（财政部令第94号）第三十二条第一款第（二）项的规定，投诉事项（2）成立，D公司中标结果无效。合格供应商符合法定数量时，可以从合格的中标候选人中另行确定中标供应商的，应当依法另行确定中标供应商；否则责令重新开展采购活动。

对于 D 公司"提供虚假材料谋取中标"的行为，根据《中华人民共和国政府采购法》第七十七条第一款第（一）项的规定，财政部另行作出行政处罚。

相关当事人在法定期限内未就处理处罚决定申请行政复议、提起行政诉讼。

处理理由

关于投诉事项（1），根据《中华人民共和国政府采购法实施条例》第五十五条的规定，供应商质疑、投诉应当提交必要的证明材料。针对投诉所涉技术参数，L 公司提交的制造商官网截图所载产品型号与中标产品不一致，不足以证明 D 公司所投产品不满足招标文件要求。

关于投诉事项（2），经向相关证书出具单位调查核实，中国网络安全审查技术与认证中心未出具过 D 公司在投标文件中提供的 5 份信息安全服务资质认证证书。因此，5 份案涉证书属于虚假材料。虽然 D 公司自述其未参与投标，而是被他人冒名投标，但其内部管理混乱，擅自外借政府采购投标专用UKey，不能成为免责的事由。D公司即便没有使用虚假材料投标的主观故意，对于违法行为的发生也存在重大过失，应当承担相应责任。D公司的行为构成《中华人民共和国政府采购法》第七十七条第一款第（一）项规定的"提供虚假材料谋取中标"的情形。

其他注意事项

如果供应商认为存在冒用侵权行为，可另行追究侵权人的责任。

相关依据

《中华人民共和国政府采购法》第七十七条

第七十七条　供应商有下列情形之一的，处以采购金额千分之五以上千分之十以下的罚款，列入不良行为记录名单，在一至三年内禁止参加政府采购活动，有违法所得的，并处没收违法所得，情节严重的，由工商行政管理机关吊销营业执照；构成犯罪的，依法追究刑事责任：

（一）提供虚假材料谋取中标、成交的；

（二）采取不正当手段诋毁、排挤其他供应商的；

（三）与采购人、其他供应商或者采购代理机构恶意串通的；

（四）向采购人、采购代理机构行贿或者提供其他不正当利益的；

（五）在招标采购过程中与采购人进行协商谈判的；

（六）拒绝有关部门监督检查或者提供虚假情况的。

供应商有前款第（一）至（五）项情形之一的，中标、成交无效。

《中华人民共和国政府采购法实施条例》第五十五条

第五十五条　供应商质疑、投诉应当有明确的请

求和必要的证明材料。供应商投诉的事项不得超出已
质疑事项的范围。

《政府采购质疑和投诉办法》（财政部令第 94 号）第二十九条、第三十二条

第二十九条　投诉处理过程中，有下列情形之一的，财政部门应当驳回投诉：

（一）受理后发现投诉不符合法定受理条件；

（二）投诉事项缺乏事实依据，投诉事项不成立；

（三）投诉人捏造事实或者提供虚假材料；

（四）投诉人以非法手段取得证明材料。证据来源的合法性存在明显疑问，投诉人无法证明其取得方式合法的，视为以非法手段取得证明材料。

第三十二条　投诉人对采购过程或者采购结果提起的投诉事项，财政部门经查证属实的，应当认定投诉事项成立。经认定成立的投诉事项不影响采购结果的，继续开展采购活动；影响或者可能影响采购结果的，财政部门按照下列情况处理：

（一）未确定中标或者成交供应商的，责令重新开展采购活动。

（二）已确定中标或者成交供应商但尚未签订政府采购合同的，认定中标或者成交结果无效。合格供应商符合法定数量时，可以从合格的中标或者成交候选人中另行确定中标或者成交供应商的，应当要求采购人依法另行确定中标、成交供应商；否则责令重新开展采购活动。

（三）政府采购合同已经签订但尚未履行的，撤销合同。合格供应商符合法定数量时，可以从合格的中标或者成交候选人中另行确定中标或者成交供应商的，应当要求采购人依法另行确定中标、成交供应商；否则责令重新开展采购活动。

（四）政府采购合同已经履行，给他人造成损失的，相关当事人可依法提起诉讼，由责任人承担赔偿责任。

投诉人对废标行为提起的投诉事项成立的，财政部门应当认定废标行为无效。

案例 39

Y 研究所大数据建设试点设备和软件采购项目举报案

关键词

评审专家职责　停止评标　评审因素　差别歧视待遇

<hr>

案例要点

在政府采购活动中，评审专家、采购人、采购代理机构之间应当相互监督、形成制约，共同促进政府采购公平竞争，提高财政资金使用效益。

在评审过程中，评审专家发现采购文件存在差别歧视待遇等违反强制性规定的情形，对文件合法性提出异议的，采购人、采购代理机构应当客观、审慎地核查。如采纳有关意见，采购人、采购代理机构应当修改采购文件后重新开展采购活动，不得另行组建评标委员会继续采购活动。

评审专家发现采购人、采购代理机构存在违法违规行为的，应及时向财政部门反映。

案例详情

基本案情

采购人Y研究所委托代理机构J公司就"Y研究所大数据建设试点设备和软件采购项目"（以下简称本项目）进行公开招标。2020年5月12日，代理机构J公司发布招标公告；6月5日，本项目开标、评标，代理机构J公司发布中标公告。

2020年6月10日，财政部收到评审专家的举报材料。举报人反映：在评审过程中，评标委员会发现招标文件编制违法，一致决定废标，但代理机构 J 公司在评审当日发布了中标公告，与评审结果不符，且公告中更换了原评审专家名单。

财政部依法启动监督检查程序，并向相关当事人调取证据材料。

采购人 Y 研究所称：（1）其委托代理机构 J 公司开展招标工作，经核查证据资料，未发现举报人反映的问题。（2）其已于 2020 年 6 月 17 日签订了政府采购合同，并按合同约定支付了合同款。

代理机构 J 公司称：（1）在编制招标文件期间，其已经抽取过 3 名专家对招标文件进行审查并根据专家意见进行修改，后期也未收到任何供应商针对招标文件提出的质疑。（2）评标委员会认定招标文件中"安全可靠技术和产业联盟理事单位证书得 3 分"的要求违反公平公正，认为本项目应废标，但经与采购人核实确认，该要求并不属于《中华人民共和国政府采购法实施条例》第二十条规定的以不合理的条件对供应商实行差别待遇或者歧视待遇的情形。（3）本着公平公正、谨慎客观的原则，其再次抽取5名评审专家组成评标委员会。评标委员会未对招标文件提出异议，经评审后确定了中标候选人。

经查，招标文件"第九章评标标准及办法"的商务部分显示，"投标人具有安全可靠技术和产业联盟理事单位证书得3分，未提供不得分"。"业绩经验"显示，"2016年1月1日以来投标人承接过大数据相关项目业绩，最多得12分。合同金额500万元及以上的，每提供一个得3分；合同金额200万元及以上，低于500万元的，每提供一个得2分；合同金额200万元以下的，每提供一个得0.5分"。

第一次《评标专家抽取情况记录》显示，2020年6月5日，代理机构抽取了5名计算机、信息安全设备等专业的评审专家，其中包括举报人。

第一次评标现场录音录像显示，2020年6月5日10时至13时，评标委员会进行评标，经讨论后认为本项目应当废标，停止了评标工作。

《无效标和废标情况说明》显示，评标委员会成员一致认为本项目应当废标，理由是招标文件中"投标人具有安全可靠技术和产业联盟理事单位证书得 3 分，未提供不得分"条款违反公平公正原则。

第二次《评标专家抽取情况记录》显示，2020 年 6 月 5 日，代理机构抽取了 5 名计算机、工业制造等专业的评审专家，与第一次《评标专家抽取情况记录》中的评审专家不同。

第二次评标现场录音录像显示，2020 年 6 月 5 日 17 时至 18 时左右，重新组建的评标委员会进行了评标。

评标报告显示，评标委员会推荐了得分最高的投标人为排名第一的中标候选人。

处理结果

举报人反映的问题成立。本项目存在违法重新组建评标委员会、以不合理的条件对供应商实行差别待遇或者歧视待遇的问题。

根据《中华人民共和国政府采购法实施条例》第七十一条第一款第（四）项、第二款的规定，本项目政府采购合同已经履行，认定采购活动违法，给供应商造成损失的，由责任人承担赔偿责任。

根据《中华人民共和国政府采购法》第七十一条第（三）项、《政府采购货物和服务招标投标管理办法》（财政部令第87号）第七十八条第（九）项的规定，责令采购人Y研究所、代理机构J公司分别就上述问题限期改正，并给予警告的行政处罚。

相关当事人在法定期限内未就处理处罚决定申请行政复议、提起行政诉讼。

处理理由

本项目采购标的为计算机等硬件设备及有关软件，是否具备"安全可靠技术和产业联盟理事单位证书"与采购需求无关，与供应商能否履约也无必然联系。招标文件将该证书设置为评审因素缺乏法律法规依据，属于《中华人民共和国政府采购法实施条例》第二十条第（二）项规定的以不合理的条件对供应商实行差别待遇或者歧视待遇的情形，违反了《中华人民共和国政府采购法》第二十二条第二款的规定。评标委员会认为上述评审因素影响采购公平公正，停止评标工作并无不当。代理机构 J 公司应当会同采购人修改招标文件，重新组织采购活动，其重新组建评标委员会进行评审的行为违反了《政府采购货物和服务招标投标管理办法》（财政部令第 87 号）第六十五条的规定。

此外，本项目招标文件将合同金额作为业绩的评分标准，违反了《中华人民共和国政府采购法》第二十二条第二款、《政府采购货物和服务招标投标管理办法》（财政部令第 87 号）第十七条、《政府采购促进中小企业发展暂行办法》（财库〔2011〕181 号）第三条的规定，属于《中华人民共和国政府采购法实施条例》第二十条第（八）项规定的以不合理的条件对供应商实行差别待遇或者歧视待遇的情形。

其他注意事项

采购人、采购代理机构不认可评审专家对采购文件提出的异议的，可以向财政部门反映。

相关依据 ⊠

《中华人民共和国政府采购法》第二十二条、第七十条、第七十一条

第二十二条　供应商参加政府采购活动应当具备下列条件：

（一）具有独立承担民事责任的能力；

（二）具有良好的商业信誉和健全的财务会计制度；

（三）具有履行合同所必需的设备和专业技术能力；

（四）有依法缴纳税收和社会保障资金的良好记录；

（五）参加政府采购活动前三年内，在经营活动中没有重大违法记录；

（六）法律、行政法规规定的其他条件。

采购人可以根据采购项目的特殊要求，规定供应

商的特定条件，但不得以不合理的条件对供应商实行差别待遇或者歧视待遇。

第七十条　任何单位和个人对政府采购活动中的违法行为，有权控告和检举，有关部门、机关应当依照各自职责及时处理。

第七十一条　采购人、采购代理机构有下列情形之一的，责令限期改正，给予警告，可以并处罚款，对直接负责的主管人员和其他直接责任人员，由其行政主管部门或者有关机关给予处分，并予通报：

（一）应当采用公开招标方式而擅自采用其他方式采购的；

（二）擅自提高采购标准的；

（三）以不合理的条件对供应商实行差别待遇或者歧视待遇的；

（四）在招标采购过程中与投标人进行协商谈判的；

（五）中标、成交通知书发出后不与中标、成交供应商签订采购合同的；

（六）拒绝有关部门依法实施监督检查的。

《中华人民共和国政府采购法实施条例》第二十条、第四十条、第七十一条

第二十条　采购人或者采购代理机构有下列情形之一的，属于以不合理的条件对供应商实行差别待遇或者歧视待遇：

（一）就同一采购项目向供应商提供有差别的项目信息；

（二）设定的资格、技术、商务条件与采购项目的具体特点和实际需要不相适应或者与合同履行无关；

（三）采购需求中的技术、服务等要求指向特定供应商、特定产品；

（四）以特定行政区域或者特定行业的业绩、奖项作为加分条件或者中标、成交条件；

（五）对供应商采取不同的资格审查或者评审标准；

（六）限定或者指定特定的专利、商标、品牌或者供应商；

（七）非法限定供应商的所有制形式、组织形式或者所在地；

（八）以其他不合理条件限制或者排斥潜在供应商。

第四十条　政府采购评审专家应当遵守评审工作纪律，不得泄露评审文件、评审情况和评审中获悉的商业秘密。

评标委员会、竞争性谈判小组或者询价小组在评审过程中发现供应商有行贿、提供虚假材料或者串通等违法行为的，应当及时向财政部门报告。

政府采购评审专家在评审过程中受到非法干预的，应当及时向财政、监察等部门举报。

第七十一条　有政府采购法第七十一条、第七十二条规定的违法行为之一，影响或者可能影响中标、成交结果的，依照下列规定处理：

（一）未确定中标或者成交供应商的，终止本次政府采购活动，重新开展政府采购活动。

（二）已确定中标或者成交供应商但尚未签订政

府采购合同的，中标或者成交结果无效，从合格的中标或者成交候选人中另行确定中标或者成交供应商；没有合格的中标或者成交候选人的，重新开展政府采购活动。

（三）政府采购合同已签订但尚未履行的，撤销合同，从合格的中标或者成交候选人中另行确定中标或者成交供应商；没有合格的中标或者成交候选人的，重新开展政府采购活动。

（四）政府采购合同已经履行，给采购人、供应商造成损失的，由责任人承担赔偿责任。

政府采购当事人有其他违反政府采购法或者本条例规定的行为，经改正后仍然影响或者可能影响中标、成交结果或者依法被认定为中标、成交无效的，依照前款规定处理。

《政府采购货物和服务招标投标管理办法》（财政部令第87号）第十七条、第六十五条、第七十八条

第十七条 采购人、采购代理机构不得将投标人的注册资本、资产总额、营业收入、从业人员、利润、纳税额等规模条件作为资格要求或者评审因素，也不得通过将除进口货物以外的生产厂家授权、承诺、证明、背书等作为资格要求，对投标人实行差别待遇或者歧视待遇。

第六十五条　评标委员会发现招标文件存在歧义、重大缺陷导致评标工作无法进行，或者招标文件内容违反国家有关强制性规定的，应当停止评标工作，与采购人或者采购代理机构沟通并作书面记录。采购人或者采购代理机构确认后，应当修改招标文件，重新组织采购活动。

第七十八条　采购人、采购代理机构有下列情形之一的，由财政部门责令限期改正，情节严重的，给予警告，对直接负责的主管人员和其他直接责任人员，由其行政主管部门或者有关机关给予处分，并予通报；采购代理机构有违法所得的，没收违法所得，并可以处以不超过违法所得3倍、最高不超过3万元的罚款，没有违法所得的，可以处以1万元以下的罚款：

（一）违反本办法第八条第二款规定的；

（二）设定最低限价的；

（三）未按照规定进行资格预审或者资格审查的；

（四）违反本办法规定确定招标文件售价的；

（五）未按规定对开标、评标活动进行全程录音录像的；

（六）擅自终止招标活动的；

（七）未按照规定进行开标和组织评标的；

（八）未按照规定退还投标保证金的；

（九）违反本办法规定进行重新评审或者重新组建评标委员会进行评标的；

（十）开标前泄露已获取招标文件的潜在投标人的名称、数量或者其他可能影响公平竞争的有关招标投标情况的；

（十一）未妥善保存采购文件的；

（十二）其他违反本办法规定的情形。

《政府采购评审专家管理办法》(财库〔2016〕198号)第十八条

第十八条 评审专家应当严格遵守评审工作纪律，按照客观、公正、审慎的原则，根据采购文件规定的评审程序、评审方法和评审标准进行独立评审。

评审专家发现采购文件内容违反国家有关强制性规定或者采购文件存在歧义、重大缺陷导致评审工作无法进行时，应当停止评审并向采购人或者采购代理机构书面说明情况。

评审专家应当配合答复供应商的询问、质疑和投诉等事项，不得泄露评审文件、评审情况和在评审过程中获悉的商业秘密。

评审专家发现供应商具有行贿、提供虚假材料或者串通等违法行为的，应当及时向财政部门报告。

评审专家在评审过程中受到非法干预的，应当及时向财政、监察等部门举报。

《政府采购促进中小企业发展暂行办法》（财库〔2011〕181号）第三条

第三条　任何单位和个人不得阻挠和限制中小企业自由进入本地区和本行业的政府采购市场，政府采购活动不得以注册资本金、资产总额、营业收入、从业人员、利润、纳税额等供应商的规模条件对中小企业实行差别待遇或者歧视待遇。

案例 40

B 邮电大学宿舍智能用电系统升级改造项目举报案

关键词

采购需求管理　重新评审

案例要点

政府采购活动按照法定程序产生结果，采购结果具有严肃性和法律效力。采购人应当落实主体责任，加强采购需求管理，认真组织评审，并承担相应责任。除法定情形外，采购人不得通过事后重新评审等内部程序自行改变采购结果。

采购人应当合理编制采购预算，除法定情形外，不得随意终止采购活动。

案例详情

基本案情

采购人B大学委托代理机构J公司就"B邮电大学宿舍智能用电系统升级改造项目"（以下简称本项目）采用竞争性磋商方式进行采购。2019年5月21日，代理机构J公司发布竞争性磋商公告。6月5日，磋商小组经评审推荐供应商C公司为成交候选人。6月11日，采购人对评审结果提出异议。6月26日，代理机构组织原磋商小组重新评审。

2019年10月8日，采购人B大学向财政部来函，反映在确认成交结果的过程中，发现C公司响应文件中存在资格性检查认定错误、所投电表型号前后不一致等问题。虽然经组织原磋商小组重新评审后，原磋商小组认为评审结果不变，但其作为采购人仍认为存在履约风险，无法与 C 公司签订采购合同。

财政部依法启动监督检查程序，并向相关当事人调取证据材料。

代理机构 J 公司称：（1）本项目尚未发布成交公告，因采购人 B 大学对采购结果提出异议，于 2019 年 6 月 26 日组织磋商小组进行了重新评审。（2）本项目资格审查及符合性审查均由磋商小组负责，应以磋商小组评审结果为准。

C 公司称：其在进行本项目现场勘查前没有接触过本项目，未给采购人 B 大学提供过整体设计、规范编制或项目管理等服务；且能够提供所投产品型号的型式评价报告、型式批准证书，完全满足磋商文件资格要求和学校实际使用需要。

经查，磋商文件"第二章供应商须知"显示，"4.2 供应商不得存在为采购项目提供整体设计、规范编制或者项目管理、监理、检测等服务的情形"；"4.5 本次采购组织踏勘，踏勘时间为 2019 年 5 月 29 日上午

10：00"。"第三章采购需求"显示，"三、前期采购数量具体以实际踏勘为准"。

C公司资格证明文件显示，"我公司前期是为本项目提供整体设计、规范编制或者项目管理、监理、检测等服务的供应商"。

磋商小组于2019年6月5日签署的评审报告显示，磋商小组由1位采购人代表和2位评审专家组成，经评审推荐C公司为成交候选人。

磋商小组于6月14日签署的报告显示，关于采购人反映的问题，应让C公司解释说明是否前期为本项目提供过整体设计、规范编制或者项目管理、监理、检测等服务。

2019年6月26日，磋商小组重新评审，请C公司就"是否为本项目提供整体设计、规范编制或者项目管理、监理、检测等服务"以及"能否提供在有效期内且与所投型号一致的计量器具许可证"等问题进行了说明。C公司提交的答复意见显示：（1）C公司在进行本项目现场勘查前没有接触过本项目，未给采购人 B 大学提供过整体设计、规范编制或项目管理等服务。对此部分的响应是将磋商文件相关要求错误理解为"是否在评审前进行了现场勘查并了解现场情况，提供了针对本项目的设计方案"。（2）C 公司承诺能够提供完全符合要求的产品进行履约，该产品具备符合计量法的型式批准证书，可以提供所投型号电表的实物、计量器具型式评价报告，该产品即为投标产品型号。（3）C 公司承诺货物运抵学校后，采购人可以抽取产品送第三方检测机构检测，如检测不合格，愿承担一切后果。

C 公司在案件处理过程中提交了所投产品型号的《计量器具型式批准证书》和《计量器具型式评价报告》。

处理结果

采购人 B 大学反映的问题不成立。财政部告知采购人 B 大学应当依法签订政府采购合同，并加强后续履约验收，不得超范围重新评审。

采购人 B 大学后续反映，因审计部门认为本项目采购的智能电表系统属于宿舍建设工程的一部分，可以由施工单位负责，不应单独再次采购，决定取消采购任务。因上述情况涉及预算编制问题，财政部向采购人主管预算单位去函，主管部门对B大学进行了约谈。

处理理由

对于供应商是否存在为采购项目提供过"整体设计、规范编制或者项目管理、监理、检测等服务"的情形，采购人理应知晓。C公司在响应文件中作出了明显不符合常理的承诺，经过磋商程序，包括采购人代表在内的磋商小组未提出异议。在重新评审过程中，C公司也向磋商小组进行了说明，其磋商文件中对该项内容响应为"是"属于理解错误，实际上并没有为本项目提供过整体设计、规范编制等服务。磋商小组对上述情况予以认可，C公司事实上符合上述资格条件。此外，C公司承诺其实际响应的产品型号与响应文件中提交的《计量器具型式评价报告》中的产品型号一致，并提供了该产品的型式批准证书。磋商小组也予以认可，维持原评审结果。结合 C 公司的说明和承诺，现有事实不影响 B 大学签订政府采购合同。

采购人 B 大学未依法确认采购结果，来函暴露出其在采购活动组织过程中存在以下问题：（1）相关问题均可以在磋商过程中予以澄清和明确，但采购人代表在磋商过程中未尽到审查职责，影响了采购效率。（2）评审结束后，B 大学就"资格性检查认定错误"的问题组织重新评审，但在评审过程中又对响应产品能否满足磋商文件其他要求进行审查，超出了法定的重新评审范围，违反了《政府采购竞争性磋商采购方式管理暂行办法》（财库〔2014〕214 号）第三十二条的规定。（3）B 大学未在法定期限内确认采购结果。

其他注意事项

采购人、采购代理机构处理供应商质疑时，不得超出质疑事项范围对其他内容进行复核。

相关依据

《政府采购竞争性磋商采购方式管理暂行办法》（财库〔2014〕214号）第二十八条、第三十二条

第二十八条　采购代理机构应当在评审结束后2个工作日内将评审报告送采购人确认。

采购人应当在收到评审报告后5个工作日内，从评审报告提出的成交候选供应商中，按照排序由高到低的原则确定成交供应商，也可以书面授权磋商小组直接确定成交供应商。采购人逾期未确定成交供应商且不提出异议的，视为确定评审报告提出的排序第一的供应商为成交供应商。

第三十二条　除资格性检查认定错误、分值汇总计算错误、分项评分超出评分标准范围、客观分评分不一致、经磋商小组一致认定评分畸高、畸低的情形外，采购人或者采购代理机构不得以任何理由组织重新评审。采购人、采购代理机构发现磋商小组未按照

磋商文件规定的评审标准进行评审的，应当重新开展采购活动，并同时书面报告本级财政部门。

采购人或者采购代理机构不得通过对样品进行检测、对供应商进行考察等方式改变评审结果。

《政府采购需求管理办法》（财库〔2021〕22 号）第三条、第四条、第五条

第三条 本办法所称政府采购需求管理，是指采购人组织确定采购需求和编制采购实施计划，并实施相关风险控制管理的活动。

第四条 采购需求管理应当遵循科学合理、厉行节约、规范高效、权责清晰的原则。

第五条 采购人对采购需求管理负有主体责任，按照本办法的规定开展采购需求管理各项工作，对采购需求和采购实施计划的合法性、合规性、合理性负责。主管预算单位负责指导本部门采购需求管理工作。

《中华人民共和国预算法》第十二条、第三十七条

第十二条　各级预算应当遵循统筹兼顾、勤俭节约、量力而行、讲求绩效和收支平衡的原则。

各级政府应当建立跨年度预算平衡机制。

第三十七条　各级预算支出应当依照本法规定，按其功能和经济性质分类编制。

各级预算支出的编制，应当贯彻勤俭节约的原则，严格控制各部门、各单位的机关运行经费和楼堂馆所等基本建设支出。

各级一般公共预算支出的编制，应当统筹兼顾，在保证基本公共服务合理需要的前提下，优先安排国家确定的重点支出。

案例 41

G 单位办公家具采购项目投诉案

关键词

采购需求管理　资格条件　差别歧视待遇

案例要点

采购需求应当符合采购项目特点和实际需要。采购人将与所需产品无直接关联的内容设置为资格条件或评审因素，构成以不合理条件对供应商实行差别待遇或者歧视待遇。

案例详情

基本案情

采购人G单位委托代理机构M公司就"G单位办公家具采购项目"（以下简称本项目）进行公开招标。2020年9月17日，代理机构M公司发布招标公告；10月7日，供应商X公司提出质疑；10月8日，代理机构M公司答复质疑；10月16日，本项目开标、评标；10月17日，代理机构M公司发布中标公告。

2020年10月15日，X公司向财政部提起投诉。投诉事项为：招标文件将非国家强制性证书《安全生产标准化证书》作为资格条件，涉嫌以不合理条件限制或者排斥潜在供应商。

财政部依法受理本案，并向相关当事人调取证据材料。

采购人G单位、代理机构M公司称：（1）经调研，市场上有多家供应商能够基本满足本项目评标标准，且招标文件于公开发售前已经过论证，本项目招标文件评标标准、技术参数不存在针对性和排他性。

（2）办公家具使用年限需在 15 年以上，故采购的家具必须确保安全、环保且使用年限达标。"安全生产标准化"能有效体现企业管理水平、规范生产能力和产品质量保障能力，符合采购人需求。

经查，招标文件采购需求部分显示，采购标的为办公桌、会议桌、文件柜等办公家具。评标标准部分的"资格性检查和符合性检查一览表"显示，评审因素"许可证"的评审标准为"具有有效的《安全生产标准化证书》，提供原件"。

财政部向证书主管单位 A 执法监管局进一步调查取证。其回函显示，企业安全生产标准化的核心内容是建立、保持并持续改进企业安全生产标准化管理体系，主要包括作业安全、职业健康、应急救援等要素；《安全生产标准化证书》由企业自愿提出评审申请，评审通过后取得。

处理结果

根据《政府采购质疑和投诉办法》（财政部令第94号）第三十一条第（二）项的规定，投诉事项成立，中标结果无效，责令采购人重新开展采购活动。

根据《中华人民共和国政府采购法》第七十一条第（三）项的规定，责令采购人G单位、代理机构M公司就以不合理条件对供应商实行差别待遇或者歧视待遇的问题限期改正，并分别给予警告的行政处罚。

相关当事人在法定期限内未就处理处罚决定申请行政复议、提起行政诉讼。

处理理由

《安全生产标准化证书》以企业自愿申请为原则，属于非国家强制性认证证书。同时，该证书主要从作业安全、职业健康、应急救援等方面考察企业的安全生产能力。本项目主要采购办公家具，属于货物采购，与上述安全生产能力不直接相关。招标文件将该证书设置为资格条件属于《中华人民共和国政府采购法实施条例》第二十条第（二）项规定的"设定的资格、技术、商务条件与采购项目的具体特点和实际需要不相适应或者与合同履行无关"的情形，违反了《中华人民共和国政府采购法》第二十二条第二款的规定。

其他应注意事项

对于证书类评审因素的设置，应当结合证书获取是否对供应商的注册资本、营业收入等规模条件作出限制、已获取证书的供应商数量是否具有竞争性等方面进行综合考量。

相关依据

《中华人民共和国政府采购法》第二十二条、第七十一条

第二十二条　供应商参加政府采购活动应当具备下列条件：

（一）具有独立承担民事责任的能力；

（二）具有良好的商业信誉和健全的财务会计制度；

（三）具有履行合同所必需的设备和专业技术能力；

（四）有依法缴纳税收和社会保障资金的良好记录；

（五）参加政府采购活动前三年内，在经营活动中没有重大违法记录；

（六）法律、行政法规规定的其他条件。

采购人可以根据采购项目的特殊要求，规定供应商的特定条件，但不得以不合理的条件对供应商实行差别待遇或者歧视待遇。

第七十一条　采购人、采购代理机构有下列情形之一的，责令限期改正，给予警告，可以并处罚款，对直接负责的主管人员和其他直接责任人员，由其行政主管部门或者有关机关给予处分，并予通报：

（一）应当采用公开招标方式而擅自采用其他方式采购的；

（二）擅自提高采购标准的；

（三）以不合理的条件对供应商实行差别待遇或

者歧视待遇的；

（四）在招标采购过程中与投标人进行协商谈判的；

（五）中标、成交通知书发出后不与中标、成交供应商签订采购合同的；

（六）拒绝有关部门依法实施监督检查的。

《中华人民共和国政府采购法实施条例》第二十条

第二十条　采购人或者采购代理机构有下列情形之一的，属于以不合理的条件对供应商实行差别待遇或者歧视待遇：

（一）就同一采购项目向供应商提供有差别的项目信息；

（二）设定的资格、技术、商务条件与采购项目的具体特点和实际需要不相适应或者与合同履行无关；

（三）采购需求中的技术、服务等要求指向特定供应商、特定产品；

（四）以特定行政区域或者特定行业的业绩、奖项作为加分条件或者中标、成交条件；

（五）对供应商采取不同的资格审查或者评审标准；

（六）限定或者指定特定的专利、商标、品牌或者供应商；

（七）非法限定供应商的所有制形式、组织形式或者所在地；

（八）以其他不合理条件限制或者排斥潜在供应商。

《政府采购质疑和投诉办法》（财政部令第94号）第三十一条

第三十一条　投诉人对采购文件提起的投诉事项，财政部门经查证属实的，应当认定投诉事项成立。经认定成立的投诉事项不影响采购结果的，继续开展采购活动；影响或者可能影响采购结果的，财政部门按照下列情况处理：

（一）未确定中标或者成交供应商的，责令重新开展采购活动。

（二）已确定中标或者成交供应商但尚未签订政府采购合同的，认定中标或者成交结果无效，责令重新开展采购活动。

（三）政府采购合同已经签订但尚未履行的，撤销合同，责令重新开展采购活动。

（四）政府采购合同已经履行，给他人造成损失的，相关当事人可依法提起诉讼，由责任人承担赔偿责任。

《政府采购需求管理办法》（财库〔2021〕22 号）第七条、第十八条

第七条　采购需求应当符合法律法规、政府采购政策和国家有关规定，符合国家强制性标准，遵循预算、资产和财务等相关管理制度规定，符合采购项目特点和实际需要。

采购需求应当依据部门预算（工程项目概预算）确定。

第十八条　根据采购需求特点提出的供应商资格条件，要与采购标的的功能、质量和供应商履约能力直接相关，且属于履行合同必需的条件，包括特定的专业资格或者技术资格、设备设施、业绩情况、专业人才及其管理能力等。

业绩情况作为资格条件时，要求供应商提供的同类业务合同一般不超过2个，并明确同类业务的具体范围。涉及政府采购政策支持的创新产品采购的，不得提出同类业务合同、生产台数、使用时长等业绩要求。

案例 42

P 市加油站智能远程监管系统（物联网监管系统）采购项目投诉案

关键词

质疑投诉　法定受理条件　不予受理

案例要点

采购项目的设立本身不属于供应商可以提起质疑、投诉的范围。供应商对此提起投诉的，财政部门应予以驳回。

案例详情

基本案情

采购人P市税务局委托代理机构B公司就"P市加油站智能远程监管系统（物联网监管系统）采购项目"（以下简称本项目）进行公开招标。2020年7月1日，代理机构B公司发布招标公告；7月6日，投诉人提出质疑；7月15日，代理机构B公司答复质疑。

2020年7月30日，供应商C公司向财政部提起投诉。投诉事项为：加油机监控微处理器和加油机编码器作为加油机计量和税控装置的重要组成部分，不得随意进行更换或者升级改造。国家并未颁布有关现有加油机不能满足计量与税控功能的法律法规，本项采购属于重复采购。

财政部依法受理本案，并向相关当事人调取证据材料。

采购人P市税务局、代理机构B公司称：现有加油机防作弊系统存在诸多薄弱环节，本项目采购的加油机监控微处理器和加密编码器均为最新版本，用于替换存量加油机旧版自锁部件，是从行业监管的实际需求出发，不属于重复采购。

经查，招标文件"二、项目需求清单"显示，采购货物包含"加油机监控微处理器"和"加油机编码器"等产品。

处理结果

根据《政府采购质疑和投诉办法》(财政部令第94号)第二十九条第(一)项的规定，投诉不符合法定受理条件，驳回投诉。

相关当事人在法定期限内未申请行政复议、提起行政诉讼。

处理理由

根据《中华人民共和国政府采购法》第五十二条、第五十五条，《政府采购质疑和投诉办法》(财政部令第94号)第十条、第十七条的规定，供应商认为采购文件、采购过程和中标、成交结果使自己的权益受到损害的，可以提起质疑、投诉。该投诉事项针对的是采购项目的设立，不属于可以提起质疑、投诉的范围。供应商对采购项目的设立有异议的，可以向采购人主管预算单位反映。

其他应注意事项

采购项目预算金额、采购合同签订及履行等问题，不属于采购文件、采购过程和中标、成交结果使供应商权益受到损害的情形，不属于可以依法质疑、投诉的范围。

相关依据

《中华人民共和国政府采购法》第五十二条、第五十五条

第五十二条　供应商认为采购文件、采购过程和中标、成交结果使自己的权益受到损害的，可以在知道或者应知其权益受到损害之日起七个工作日内，以书面形式向采购人提出质疑。

第五十五条　质疑供应商对采购人、采购代理机构的答复不满意或者采购人、采购代理机构未在规定的时间内作出答复的，可以在答复期满后十五个工作日内向同级政府采购监督管理部门投诉。

《政府采购质疑和投诉办法》(财政部令第94号)第十条、第十七条、第二十九条

第十条　供应商认为采购文件、采购过程、中标或者成交结果使自己的权益受到损害的，可以在知道或者应知其权益受到损害之日起7个工作日内，以书面形式向采购人、采购代理机构提出质疑。

采购文件可以要求供应商在法定质疑期内一次性提出针对同一采购程序环节的质疑。

第十七条　质疑供应商对采购人、采购代理机构的答复不满意，或者采购人、采购代理机构未在规定时间内作出答复的，可以在答复期满后15个工作日内向本办法第六条规定的财政部门提起投诉。

第二十九条　投诉处理过程中，有下列情形之一

的，财政部门应当驳回投诉：

（一）受理后发现投诉不符合法定受理条件；

（二）投诉事项缺乏事实依据，投诉事项不成立；

（三）投诉人捏造事实或者提供虚假材料；

（四）投诉人以非法手段取得证明材料。证据来源的合法性存在明显疑问，投诉人无法证明其取得方式合法的，视为以非法手段取得证明材料。

案例 43

A 单位地质灾害智能化监测预警建设项目投诉案 *

关键词

采购方式　单一来源公示　质疑投诉范围

案例要点

供应商对采用单一来源采购方式存在异议，应当在单一来源审批前的公示期内通过法定途径向采购人、采购代理机构提出。

---

*　本案例由重庆市财政局选送。

对于已采用单一来源采购方式的政府采购项目，其他供应商不具备提出质疑、投诉的主体资格。

案例详情

基本案情

采购人A单位委托代理机构B公司就"A单位地质灾害智能化监测预警建设项目"（以下简称本项目）采用单一来源方式进行采购。2019年10月18日，代理机构B公司发布本项目公示公告，公示期为10月18日至24日；10月23日，供应商C公司提出异议；10月28日，采购人A单位组织补充论证，专家认为异议不成立；11月1日，代理机构B公司答复异议。

2019年11月20日，C公司向财政部门提起投诉。投诉事项为：请求财政部门依法终止本项目使用单一来源方式采购，采用公开招标的方式采购。

采购人A单位称：多地均有地质灾害监测预警、防治指挥项目采用单一来源采购方式的先例。鉴于本项目的公益性、基础性、紧迫性等因素，结合其实际需求，本项目符合单一来源采购要求。

处理结果

根据《政府采购质疑和投诉办法》（财政部令第94号）第二十一条第（二）项的规定，不予受理本项目投诉。

相关当事人在法定期限内未申请行政复议、提起行政诉讼。

处理理由

本项目尚处于单一来源审批前公示期内，供应商对采用单一来源采购方式有异议的，可根据《政府采购非招标采购方式管理办法》（财政部令第74号）第三十九条的规定，将书面意见反馈给采购人、代理机构，同时抄送相关财政部门。本案中，C公司对单一来源采购方式提出的异议，不属于《中华人民共和国政府采购法》第五十二条、第五十五条、《政府采购质疑和投诉办法》（财政部令第94号）第十条第一款、第十七条规定的供应商可以提起质疑、投诉的范围，不符合《政府采购质疑和投诉办法》（财政部令第94号）第十九条规定的受理条件。

相关依据

《中华人民共和国政府采购法》第五十二条、第五十五条

第五十二条　供应商认为采购文件、采购过程和中标、成交结果使自己的权益受到损害的，可以在知道或者应知其权益受到损害之日起七个工作日内，以书面形式向采购人提出质疑。

第五十五条　质疑供应商对采购人、采购代理机构的答复不满意或者采购人、采购代理机构未在规定的时间内作出答复的，可以在答复期满后十五个工作日内向同级政府采购监督管理部门投诉。

《政府采购非招标采购方式管理办法》（财政部令第74号）第三十九条、第四十条

第三十九条　任何供应商、单位或者个人对采用单一来源采购方式公示有异议的，可以在公示期内将书面意见反馈给采购人、采购代理机构，并同时抄送相关财政部门。

第四十条　采购人、采购代理机构收到对采用单一来源采购方式公示的异议后，应当在公示期满后5个工作日内，组织补充论证，论证后认为异议成立的，应当依法采取其他采购方式；论证后认为异议不成立的，应当将异议意见、论证意见与公示情况一并报相关财政部门。

采购人、采购代理机构应当将补充论证的结论告知提出异议的供应商、单位或者个人。

《政府采购质疑和投诉办法》（财政部令第94号）第十条、第十一条、第十七条、第十九条、第二十一条

第十条　供应商认为采购文件、采购过程、中标或者成交结果使自己的权益受到损害的，可以在知道或者应知其权益受到损害之日起7个工作日内，以书面形式向采购人、采购代理机构提出质疑。

采购文件可以要求供应商在法定质疑期内一次性提出针对同一采购程序环节的质疑。

第十一条　提出质疑的供应商（以下简称质疑供应商）应当是参与所质疑项目采购活动的供应商。

潜在供应商已依法获取其可质疑的采购文件的，可以对该文件提出质疑。对采购文件提出质疑的，应当在获取采购文件或者采购文件公告期限届满之日起7个工作日内提出。

第十七条　质疑供应商对采购人、采购代理机构的答复不满意，或者采购人、采购代理机构未在规定

时间内作出答复的，可以在答复期满后15个工作日内向本办法第六条规定的财政部门提起投诉。

第十九条　投诉人应当根据本办法第七条第二款规定的信息内容，并按照其规定的方式提起投诉。

投诉人提起投诉应当符合下列条件：

（一）提起投诉前已依法进行质疑；

（二）投诉书内容符合本办法的规定；

（三）在投诉有效期限内提起投诉；

（四）同一投诉事项未经财政部门投诉处理；

（五）财政部规定的其他条件。

第二十一条　财政部门收到投诉书后，应当在5个工作日内进行审查，审查后按照下列情况处理：

（一）投诉书内容不符合本办法第十八条规定的，应当在收到投诉书5个工作日内一次性书面通知投诉人补正。补正通知应当载明需要补正的事项和合理的补正期限。未按照补正期限进行补正或者补正后仍不符合规定的，不予受理。

（二）投诉不符合本办法第十九条规定条件的，

应当在3个工作日内书面告知投诉人不予受理，并说明理由。

（三）投诉不属于本部门管辖的，应当在3个工作日内书面告知投诉人向有管辖权的部门提起投诉。

（四）投诉符合本办法第十八条、第十九条规定的，自收到投诉书之日起即为受理，并在收到投诉后8个工作日内向被投诉人和其他与投诉事项有关的当事人发出投诉答复通知书及投诉书副本。